VON DER GEBUNDENHEIT ZUM DURCHBRUCH

JOSEPH PRINCE

VON DER GEBUNDENHEIT ZUM DURCHBRUCH

ERLEBE HEILUNG, GESUNDHEIT UND SIEG DURCH DAS SALBÖL

AUS DEM ENGLISCHEN VON
THILO NIEPEL

Grace today
VERLAG

Die englische Originalausgabe erschien im Verlag 22 Media Pte. Ltd. unter dem Titel *From Bondage to Breakthrough: Experience Healing, Wholeness, and Victory Through the Anointing Oil.* Copyright © 2019 by Joseph Prince. Published by arrangement with 22 Media Pte. Ltd., www.josephprince.com.

Die Deutsche Nationalbibliothek verzeichnet diese Publikation in der Deutschen Nationalbibliografie; detaillierte bibliografische Daten sind im Internet über https://portal.dnb.de abrufbar.

Gestaltung: © 22 Media Pte. Ltd.
Corporate Design & Satz: Gabriel Walther – www.gabrielwalther.com
Lektorat: Sonja Yeo, Gabriele Kohlmann
Druck: Wydawnictwo ARKA, Cieszyn, Polen
Printed in Poland

2. Auflage 2025

Taschenbuch: ISBN 978-3-95933-137-1, Bestellnummer 372137
E-Book: ISBN 978-3-95933-138-8, Bestellnummer 372138

www.gracetoday.de

EINLEITUNG

Dieses Buch ist ein Hilfsmittel, mit dem du deinen Glauben stärken kannst. Es wird dir helfen, ein größeres Maß von Gottes Segen zu erleben, während du aufregende Wahrheiten über das Salböl erfährst.

Es handelt sich dabei um Wahrheiten, die Gott mir zeigte, während ich dieses Thema erforschte, und ich hoffe, sie werden dir die Augen öffnen, damit du die Vorzüge und die Kraft von Jesu vollbrachtem Werk siehst, das im Salböl verkörpert ist.

Mit diesem Buch möchte ich zwei Dinge erreichen. Zum einen möchte ich dir das Salböl vorstellen, weil es der Heilung dient und dich die vielfältigen Segnungen Gottes in deinem Leben erkennen lässt. Zum anderen möchte ich dir Fragen beantworten, die du zum Salböl vielleicht hast, wenn du mit dessen Anwendung noch nicht vertraut bist. Zum Beispiel: Welche Bedeutung hat es für dich als Christ? Warum benutzt Gott es als Kanal, um dich von allen Gebundenheiten zu befreien? Wie kannst du das Öl einsetzen, um in deinen Herausforderungen siegreich zu sein?

Aber auch wenn du Salböl schon kennst und verwendest, kann dir dieser Leitfaden helfen, das Salböl mit frischer Offenbarung und neuem Glauben anzuwenden und so gesünder, geschützter und frei von jeglicher Gebundenheit zu leben.

Du findest auch einen Abschnitt mit Geschichten, die mitten aus dem Leben gegriffen sind. Sie stammen von kostbaren Menschen, die Befreiung von chronischen Krankheiten erfuhren oder vor sehr realen Bedrohungen beschützt wurden, als sie das Salböl verwendeten und auf den Herrn vertrauten. Mögen diese Zeugnisse dir bewusst machen, wie sehr Gott das Gleiche heute auch für dich tun will!

Lieber Freund (damit meine ich natürlich immer auch alle Frauen), ich bete, dass du beim Lesen und Nachsinnen über die Bibelstellen, Wahrheiten und Zeugnisse in diesem Buch erleben wirst, wie dein Leben von der Gesundheit, Versorgung und dem Sieg unseres Herrn Jesus durchflutet wird!

In steter Gnade

INHALT

Welche Bedeutung

HAT DAS SALBÖL FÜR DIE GLÄUBIGEN?

Das
Salböl ist ein
göttlicher Kanal,
durch den
alle Gläubigen
in jedem Lebensbereich
in göttlicher Heilung
und Gesundheit sowie
göttlichem Schutz
und Wachstum
leben können.

Er wird euch lieben und segnen und zu einem großen Volk machen. In dem Land, das er euren Vorfahren versprochen hat, wird er euch viele Kinder und reiche Ernten an **Getreide, Wein und Öl** schenken und eure Rinder-, Schaf- und Ziegenherden vermehren. Ihr werdet gesegneter sein als alle anderen Völker der Erde. Kein Mann und keine Frau – ja nicht einmal eines eurer Tiere – soll unfruchtbar sein. Und der Herr wird euch vor aller Krankheit schützen. Er wird euch nicht an den schrecklichen Seuchen leiden lassen, die ihr in Ägypten kennengelernt habt, sondern wird sie stattdessen über eure Feinde bringen.

5. MOSE 7,13–15 NLB

Das Salböl und das Abendmahl sind Gottes übernatürliche Kanäle, durch die alle Gläubigen in jedem Lebensbereich in seiner göttlichen Heilung, seinem göttlichen Schutz vor Krankheiten und anderen Übeln sowie in Wachstum und Gesundheit leben können. Im ersten Vers des gerade zitierten Bibeltextes stellen wir fest, dass diese drei Elemente – das Getreide und der Wein (für das Abendmahl stehend) sowie das Öl (für das Salböl stehend) – ausdrücklich vom Herrn erwähnt werden und wesentlicher Bestandteil seiner Liebe und Segensvermehrung in unserem Leben sind.

Gott sagt uns, dass er uns segnen und vermehren will, weil wir seine geliebten Kinder sind. Beachte, dass wir »gesegneter sein [werden] als alle anderen Völker der Erde«, nachdem er zuerst unser Getreide, unseren Wein und unser Öl gesegnet hat.

Warum ist das so?

Es liegt daran, dass all diese Elemente von seinem Sohn und seinem vollbrachten Werk am Kreuz zeugen. Gott will uns Folgendes vermitteln: Wenn wir uns die Zeit nehmen, durch das Abendmahl und die Anwendung des Salböls darüber nachzusinnen und zu erklären, dass Jesus am Kreuz für unsere Gesundheit in jedem Bereich bezahlt hat, wird sein Sieg über Sünde, Krankheit, Bedrücktheit und Mangel in unserem Leben freigesetzt.

Lieber Freund, heute, wenn du Gott das Öl bringst und es mit der Offenbarung anwendest, dass unser Herr Jesus durch sein vergossenes Blut jeden Segen, den du brauchst, erkauft hat, bekennst du deinen alleinigen Glauben an Jesus und sein vollbrachtes Werk. Du erinnerst dich daran, wie er zermalmt wurde, damit du das frische Öl seiner Heilung, seiner Gunst und seiner Versorgung in deinem Körper, deiner Familie, deinem Beruf und deinem Dienst erleben kannst. Und wenn du das tust, wirst du erfahren, wie seine praktischen Segnungen in deine Not hineinfließen.

Welche Bedeutung

HAT DAS SALBÖL FÜR GOTT?

Aus den feinsten Olivenfrüchten hergestellt, ist das Salböl ein Bild für Jesu vollbrachtes Werk am Kreuz.

Aus den feinsten Olivenfrüchten hergestellt, ist das Salböl ein Bild für Jesu vollbrachtes Werk am Kreuz. So wie Brot und Wein durch Zermalmen ihrer Grundsubstanzen hergestellt werden, kann auch Olivenöl nur durch das Zermalmen der Olivenfrucht gewonnen werden. Das alles zeugt davon, wie Jesus zermalmt wurde, um für uns durch das Kreuz zum Brot des Lebens zu werden:

Doch er wurde durchbohrt wegen unserer Vergehen, wegen unserer Sünden zermalmt. Zu unserem Heil lag die Züchtigung auf ihm, durch seine Wunden sind wir geheilt.

JESAJA 53,5 EÜ

Lieber Freund, Jesus kam, um zermalmt zu werden, verwundet zu werden, gegeißelt zu werden und durchbohrt zu werden. Dies geschah, damit alles, was er ist und was er hat – seine Gesundheit, sein Friede, seine Fülle, seine Gunst, seine Heilung und sein Leben –, in unser Leben fließen kann.

Um das Olivenöl zu extrahieren, müssen Olivenfrucht und Samen mithilfe eines Mahlsteins zermalmt und unter Verwendung eines schweren

Gewichts in einer Ölpresse ausgepresst werden. Auf die gleiche Weise wurde auch Jesus unter der Last und dem Gewicht unserer Sünden und unter dem Gericht eines heiligen Gottes zermalmt. Er wurde wie die Olivenfrucht zermalmt, um zu dem Salböl zu werden, das uns heute segnet, heilt und beschützt.

JESUS WURDE FÜR DEIN VOLLSTÄNDIGES WOHLERGEHEN DREIMAL »GEPRESST«

Wusstest du, dass in biblischen Zeiten die kleine Olivenfrucht mehrmals zermalmt werden musste, bevor ihr ganzes Öl gewonnen war?

Vor einiger Zeit, als ich in Jesu Heimatstadt Kapernaum war, besichtigte ich eine Ölpresse. Der israelische Reiseführer erklärte, dass die Olivenfrüchte nach dem Zermahlen in die Presse gefüllt wurden, wo sie beschwert von einem riesigen Mühlstein dreimal gepresst wurden.

Die erste Pressung erzeugte *natives Olivenöl extra*, das zur Beleuchtung des jüdischen Tempels verwendet wurde. Das Öl aus der zweiten Pressung wurde für Medizin verwendet, während das Öl aus der dritten bzw. letzten Pressung für die Herstellung von Seife benutzt wurde.

Der Heilige Geist offenbarte mir, dass jede dieser Pressungen – und sogar ihre Reihenfolge – davon zeugte, was unser Herr für uns am Kreuz durchmachte! Auch Jesus wurde dreimal »gepresst«.

Beginnend in Gethsemane, was »Ölpresse« bedeutet, erfuhr unser Herr die erste Pressung, bei der er große Blutstropfen ausschwitzte (siehe Lk 22,44). Dort kümmerte sich Jesus um die Macht der Finsternis, damit wir »aus der Finsternis in sein wunderbares Licht gerufen« werden und ununterbrochen in diesem Licht leben können (siehe Lk 22,53; 1Petr 2,9). Heute gibt uns sein Licht außerdem geistliche Unterscheidungsfähigkeit und Weisheit in unseren täglichen Angelegenheiten.

Die zweite Pressung (für Medizin) fand statt, nachdem Jesus von Gethsemane weggeführt worden war und ausgepeitscht wurde. Sein Körper wurde von den römischen Peitschen dermaßen heftig und unbarmherzig geschlagen, dass seine Knochen freigelegt wurden – und das alles, um uns körperliche Heilung, Gesundheit und Unversehrtheit zu erkaufen. Jesus ist unsere »Medizin«, denn »durch seine Wunden sind wir geheilt worden« (Jes 53,5).

Die letzte Pressung (für die Seifenherstellung zur Reinigung) erfolgte am Kreuz. Jesus wurde unter dem feurigen Zorn eines heiligen und gerechten Gottes zermalmt, weil er unsere Sünden trug und für sie bestraft wurde. Sein Blut wurde auf Golgatha vergossen, um alle unsere Sünden wegzuwaschen und uns weiß wie Schnee zu machen (siehe Jes 1,18).

Lieber Freund, wenn du Gott das Öl bringen und es auf biblische Weise verwenden möchtest, solltest du über die drei Pressungen nachdenken, die Jesus für dich durchlebte. Besinne dich darauf, dass unser Herr – wie die Olivenfrucht – völlig zermalmt wurde, damit du von den Mächten der Finsternis befreit werden kannst, die versuchen, dich mit Flüchen der Krankheit, der seelischen Bedrängnis und des vorzeitigen Todes zu erdrücken. Erkenne, dass er all dieses Leiden nur deshalb durchgemacht hat, weil er dich liebt und will, dass du durch die Verwendung des Öls die Fülle aller Wohltaten genießt, die er für dich erworben hat!

Wann kann ich das Salböl verwenden?

Verwende das Salböl, um deinen Glauben an Jesu vollbrachtes Werk zum Ausdruck zu bringen und deine benötigten Durchbrüche herbeizuführen.

WENN DU HEILUNG BRAUCHST

Wenn du körperliche Schmerzen hast, wenn du an einer chronischen Krankheit oder an dauerhaften Beschwerden leidest, empfehle ich dir, das Salböl zu verwenden, um deinen Heilungsdurchbruch zu erleben. Ist das biblisch? Auf jeden Fall. Das Markusevangelium beschreibt, wie die Jünger Jesu die Kranken mit Öl salbten und sie heilten.

Und sie gingen und verkündigten, man solle Buße tun, und trieben viele Dämonen aus und salbten viele Kranke mit Öl und heilten sie.

MARKUS 6,12–13

Im Neuen Testament sehen wir außerdem, dass die Gemeinde zur Zeit der Apostel das Salböl gebrauchte, um den Leidenden Heilung zu bringen. Jakobus 5,14–15 berichtet uns, dass die Ältesten der Gemeinde, wenn sie die Kranken besuchten, diese im Namen des Herrn mit Öl salbten.

Ist jemand von euch krank? Er soll die Ältesten der Gemeinde zu sich rufen lassen; und sie sollen für ihn beten und ihn dabei mit Öl salben im Namen des Herrn. Und das Gebet des Glaubens wird den Kranken retten, und der Herr wird ihn aufrichten; und wenn er Sünden begangen hat, so wird ihm vergeben werden.

Diese Verse zeigen uns deutlich, dass die Krankensalbung mit Öl kein Aberglaube, sondern ein Ausdruck des Glaubens ist, durch den Gottes übernatürliche Heilungskraft freigesetzt wird.

Wenn du heute eine Krankheit hast, kannst du deinen Kopf oder den betroffenen Teil deines Körpers mit Salböl salben und sagen: »Vater, ich danke dir, dass ich durch die Striemen Jesu geheilt bin. Jesus wurde um meiner Gesundheit willen zermalmt. Deshalb befehle ich dieser Krankheit im Namen Jesu, mich zu verlassen.«

Du kannst auch im Glauben für die Heilung deiner Lieben beten und dabei das Salböl benutzen. Eine Frau, die meinem Dienst folgt, hörte mich über die Vorteile des Salböls lehren und salbte ihre

Tochter, die unter schweren Ekzemen an beiden Fersen litt.

Die Erkrankung verursachte derartig starke Schmerzen, dass es Tage gab, an denen ihre Tochter nur auf den Zehenspitzen gehen konnte. Die Mutter nahm eine kleine Flasche Olivenöl und betete darüber. Drei Jahre lang hatte die Anwendung verschriebener Cremes keine Linderung der Erkrankung gebracht – doch innerhalb von drei Wochen, in denen die Mutter das Salböl auf die Füße ihrer Tochter auftrug und durch den Glauben erklärte, dass sie durch die Striemen Jesu geheilt war, verschwanden die Ekzeme! Seitdem ist das Mädchen nie wieder mit Beschwerden gelaufen. Alle Ehre sei Gott!

Lieber Freund, wenn man das Salböl mit einer Offenbarung des vollbrachten Werkes Jesu verwendet, wird Heilung sichtbar! Manchmal geschieht die Heilung sofort. Manchmal dauert es länger. Aber wenn dir körperliche Krankheitssymptome zu schaffen machen, benutze das Öl im Glauben weiter – weil du weißt, dass es nur eine Frage der Zeit ist, bis die Heilung, die Jesus für dich vollbracht hat, sich in deinem Körper sichtbar auswirkt!

WENN DU FREIHEIT VON UNTERDRÜCKUNG ODER GEBUNDENHEIT BRAUCHST

Im Alten Testament war das Salböl ein Symbol für den Heiligen Geist und wurde von den Propheten und Königen hauptsächlich zur Weihe und Heiligung verwendet. Doch das ist nicht alles. Jesaja 10,27 gibt uns Auskunft, dass das Salböl auch verwendet wurde, um seelische Fesseln zu lösen, weil es jedes feindliche Joch zersprengt:

Und es wird geschehen an jenem Tag, da wird seine Last von deinen Schultern weichen und sein Joch von deinem Hals; ja, das Joch wird zersprengt werden wegen der Salbung.

Was sagt dieser Vers aus und was genau ist das »Joch«?

Das Wort »seine« bzw. »sein« in dem Vers bezieht sich auf die Assyrer, die damaligen Feinde Israels. Heute steht es für den Feind, der versucht, dich mit niederdrückenden Lasten zu schinden, wie Stress, Sorgen, Ängste und Streitigkeiten.

Das »Joch« bezieht sich auf Unterwerfung (Unterjochung) oder Unterdrückung, so wie ein Ochse ein Joch auferlegt bekommt, das ihn zwingt, einen Wagen zu ziehen und sich in eine bestimmte Richtung zu bewegen. Sucht ist beispielsweise ein Joch, das der Feind benutzt, um dich nach unten zu ziehen und dich dort zu halten, wo er dich haben will – unterlegen und unfähig, das Leben der Fülle zu führen.

Lieber Freund, wenn dir das bekannt vorkommt, darfst du wissen, dass du nicht unter der Unterdrückung des Teufels bleiben musst. Du musst nicht gebunden bleiben. Wenn du anfängst, das Salböl zu verwenden, kannst du dabei zusehen, wie die Ketten deiner Abhängigkeit – ob von Tabletten, Drogen, Alkohol, Essen oder depressiven Gedanken –, zerstört werden.

Wenn du das Salböl in dem Bewusstsein anwendest, dass Christus zermalmt wurde, um dir den Sieg über die Sucht zu geben, die dein Leben beherrscht, setzt du die Kraft des Heiligen Geistes in dir frei, die diese Gebundenheit zerstört! Benutze das Salböl und werde befreit!

WENN DU DIE GUNST, DEN ERFOLG ODER DEN SCHUTZ GOTTES FREISETZEN WILLST

Abgesehen davon, dass man mit dem Salböl Gebundenheiten zerstören und es zur Heilung einsetzen kann, kannst du das Salböl auch zum Schutz verwenden. Zum Beispiel kannst du deine Kinder vorm Zubettgehen oder vor der Schule mit Öl salben und dabei den Schutz, die Gunst, die Weisheit und den Zur-richtigen-Zeit-am-richtigen-Ort-Segen des Herrn über ihnen aussprechen.

Oder wenn du ein Geschäft oder ein Unternehmen hast, das sich anscheinend nicht gut entwickelt, kannst du deinen Laden oder dein Büro mit Öl salben und proklamieren: »Im Namen Jesu erkläre ich mein Unternehmen für begünstigt, florierend und erfolgreich.«

Vielleicht hast du nachts Schlafprobleme. Dann kannst du dein Kissen mit Öl salben und sagen: »Jesus schenkt mir, den/die er liebt, geruhsamen Schlaf.«

Vielleicht musst du eine Verkaufspräsentation halten oder jemanden beraten. Bevor du das tust, kannst du deine Lippen mit Öl salben und Gott um Weisheit bitten und darum, dass er durch dich spricht.

Wichtig ist hier zu wissen, dass das Salböl keine Art Zaubertrank ist. Es ist auch kein Aberglaube oder eine Formel für schnellen Erfolg. Das Salböl anzuwenden bedeutet, deinen Glauben an das vollbrachte Werk Jesu auf konkrete Weise zum Ausdruck zu bringen, um den Durchbruch und die Wunder hervorzurufen, die du benötigst. Um dich zu ermutigen und dir zu zeigen, wie andere kostbare Menschen das Salböl verwendet und ihre Durchbrüche erlebt haben, findest du am Ende dieses Buches ein paar authentische Zeugnisse.

Wie komme ich zu Salböl?

Wenn du
im Namen Jesu
über das
Öl betest,
sondert Gott
es aus
und es wird
zu heiligem
Salböl.

Jetzt, da du weißt, was das Salböl symbolisiert und wie es dich segnen kann, fragst du dich vielleicht: »Wie bekomme ich das Salböl?«

Es ist ganz einfach. Besorge dir einfach Olivenöl und bete darüber. Wir empfehlen Olivenöl, aber du kannst auch andere Ölsorten verwenden, wenn du möchtest. Denk nur daran, dass du es vielleicht auf deine Haut auftragen wirst, deshalb benutze Öle, mit denen du dich wohl fühlst.

Du kannst die Flasche Öl in die Gemeinde mitnehmen und einen Pastor oder Leiter darüber beten lassen, oder du kannst selbst darüber beten. Du musst verstehen, dass deine Flasche Öl an und für sich keine übernatürliche Kraft hat. Aber wenn du im Namen Jesu über das Öl betest, sondert Gott es für seine Zwecke aus und es wird zu heiligem Salböl. Gottes Segnungen werden freigesetzt, weil seine Salbung auf dem Öl liegt (denn Gott gefällt es immer, an das vollbrachte Werk seines Sohnes erinnert zu werden) und weil wir durch die Verwendung des Öls unseren Glauben zum Ausdruck bringen.

Hier ist ein einfaches Gebet, das du nutzen kannst. Halte die Flasche Öl in deinen Händen und sage:

Vater im Himmel, an und für sich enthält diese Flasche Öl einfach nur Öl. Doch im Namen des Herrn Jesus Christus bitte ich dich, Vater: Salbe dieses Öl, das ich in meinen Händen halte. Salbe es und sondere es für deine heiligen Zwecke aus. Mache daraus heiliges Salböl.

Nutze es zu deiner Ehre, Vater. Gebrauche es, um diejenigen, die damit gesalbt werden, gesund, stark und jugendlich zu machen, und halte Krankheit und Gebrechlichkeit weit fern von ihnen.

Vater, möge dieses Öl deine Herrlichkeit und deine Wunder herabbringen, jetzt, da es für heilige und dir geweihte Zwecke ausgesondert wird. Wo immer es verwendet wird, möge es Dunkelheit in Licht verwandeln. Möge es Mangel in Fülle verwandeln. Möge es Krankheit in Gesundheit verwandeln. Möge es wunderbare Wiederherstellung, Versorgung und Fruchtbarkeit bewirken. Möge es sogar die Toten auferwecken.

Vater, ich danke dir, dass diese Flasche jetzt heiliges Salböl enthält. Das alles bete ich im Namen Jesu, amen.

Jetzt beinhaltet die Flasche Öl, über die du gerade gebetet hast, kein natürliches Öl mehr. Es ist nun heiliges Salböl. Es ist gesalbt mit der Kraft Gottes, um Segnungen in deinem Leben freizusetzen – Segnungen, die Jesus mit seinem Leiden und Tod für dich erkauft hat. Beginne, das Öl zur Ehre Gottes einzusetzen!

Wie wichtig ist es

DAS GETREIDE, DEN WEIN UND DAS ÖL IN UNSEREM LEBEN ZU HABEN?

Damit du in
einem größeren Maß
seiner Heilung
und seines Segens
leben kannst,
möchte Gott,
dass du immer
das Getreide,
den Wein
und das Öl
in deinem
Leben hast.

Damit du in einem größeren Maß seiner Heilung und seines Segens leben kannst, möchte Gott, dass du immer das Getreide, den Wein und das Öl in deinem Leben hast. Man beachte, wie diese drei Dinge oft gemeinsam im Zusammenhang mit den Segnungen Gottes für sein Volk erwähnt werden.

Er wird euch lieben und segnen und zu einem großen Volk machen. In dem Land, das er euren Vorfahren versprochen hat, wird er euch viele Kinder und reiche Ernten an Getreide, Wein und Öl schenken und eure Rinder-, Schaf- und Ziegenherden vermehren.

5. MOSE 7,13 NLB

Dann wird er es in eurem Land zur rechten Zeit regnen lassen, im Herbst und im Frühjahr, sodass ihr Getreide, Trauben für Wein und Oliven für Öl ernten könnt.

5. MOSE 11,14 NLB

Und Hiskia hatte sehr großen Reichtum und Ehre und sammelte sich Schätze von

Silber, Gold, Edelsteinen, Spezerei, Schilden und allerlei kostbarem Gerät und baute Vorratshäuser für den Ertrag an Getreide, Wein und Öl und Ställe für allerlei Vieh und Hürden für die Schafe.

2. CHRONIK 32,27–28 LUT

Im Neuen Testament, als Jesus das Abendmahl einsetzte – das Getreide und der Wein –, finden wir dort auch das Öl, weil er im Garten Gethsemane (was im Hebräischen »Ölpresse« bedeutet) bald darauf wie eine Olivenfrucht gepresst werden würde.

Lieber Freund, in der Bibel gibt es keine unbedeutenden Details. Gott hat diese drei Dinge zusammengefügt, weil er will, dass wir uns immer an das vollbrachte Werk unseres Herrn Jesus am Kreuz erinnern sowie an die Wohltaten, die er durch sein Opfer für uns Gläubige erwirkt hat.

Das Getreide und der Wein des Abendmahls zeugen vom zerbrochenen Körper und dem vergossenen Blut unseres Herrn, und das Öl stellt das Salböl dar. Und wenn du das Abendmahl im Glauben einnimmst und das Salböl im Glauben anwendest, machst du dir durch den Glauben die Wohltaten des Opfers Jesu zu eigen.

Im Grunde genommen sagst du: »Herr, du hast das alles für mich getan. Du bist ans Kreuz gegangen und hast mir mit deinem Opfer großen Gewinn gebracht.« Ich empfange alles, wofür du gelitten hast und gestorben bist, damit ich es genießen kann: Gesundheit, Heilung, Unversehrtheit für meinen Körper, Geist und Verstand, Versorgung, Schutz und so viel mehr!«

Zeugnisse

Heilung von chronischen Schmerzen in der rechten Schulter

NOEL | AUSTRALIEN

Ich litt etwa zwölf Monate lang an chronischen Schmerzen in meiner rechten Schulter. Medizinische Untersuchungen zeigten, dass ich darin aufgrund von Gelenkschäden Arthrose und Knochensporen hatte.

Die Schmerzen wurden trotz Physiotherapie und Medikamenten nicht weniger. Als ich zum Arzt ging, um Kortikosteroid-Injektionen zu erhalten, empfahl er mir eine MRT-Untersuchung, weil er eine Ruptur der Rotatorenmanschette vermutete. Ich entschied mich, kein MRT machen zu lassen, nahm aber weiterhin zweimal täglich ein synthetisches Morphiumpräparat, viermal täglich Paracetamol und dazu noch ein entzündungshemmendes Mittel ein. Die Schmerzen hielten jedoch an und waren morgens besonders qualvoll.

Glücklicherweise habe ich dank Pastor Prince gelernt, das Abendmahl für meine Heilung einzunehmen. Ein Ältester salbte mich dazu noch mit Öl, als er für meine Schulter betete.

Vor etwa zwei Wochen wachte ich OHNE Schmerzen auf und stellte fest, dass ich meine Schulter frei und ohne Beschwerden bewegen konnte! Seitdem bin ich schmerzfrei geblieben und brauche keine Medikamente mehr. GELOBT SEI DER HERR! Danke, Pastor Prince, dass Sie so treu das Evangelium der Gnade verkünden!

Leben verändert, keine Depressionen und Selbstmordgedanken mehr

SARA | NEVADA, VEREINIGTE STAATEN

Ich beschäftigte mich früher mit Hexerei und terrorisierte meine Familie mit meinen Wutanfällen. Mein Leben kam mir trostlos vor und ich ritzte mich regelmäßig. Ich glaubte nicht an Gott und hielt das Christentum für einen Witz. Ich unternahm auch mehr als einmal einen Selbstmordversuch, da ich dachte, ich sei niemandem irgendetwas wert.

Aber ich fing an, mir auf Anregung meiner Mutter einige christliche Sendungen anzusehen und anzuhören. Meine Selbstmordgedanken hörten auf, aber sonst änderte sich nichts. Dann versuchte ich New-Age-Praktiken, um mich »in Ordnung zu bringen« – ich rauchte Zigaretten und visualisierte mich dabei glücklich. Aber das funktionierte auch nicht.

Als ich mich eines Abends fürs Bett fertig machte, kamen mir wieder Selbstmordgedanken. Als ich diese Gedanken zurückwies, hörte ich negative Stimmen in meinem Kopf, die mir sagten: »Du bist wertlos, hässlich, niemand liebt dich. Du bringst deine Mutter um, so wie du bist. Jeder hasst dich. Du verdienst es nicht, zu leben.«

Da fing ich an, schreckliche Alpträume zu haben und Schlaflähmung zu erleben, wobei ich mich fühlte, als würde mich jemand niederhalten und ersticken. Über zwei oder drei Monate geschah das

Nacht für Nacht, weswegen ich Angst vor dem Einschlafen bekam.

Eines Nachts, als ich nicht einschlafen konnte, schaltete ich den Fernseher ein und sah mir die Sendung von Joseph Prince an. Er sprach von Gottes Liebe zu mir. Ich fragte mich: »Wie kann Gott mich lieben? Wie erlebe ich diese Liebe?« Gelobt sei Gott, denn das brachte mich dazu, Jesus noch in derselben Nacht in mein Herz einzuladen.

Kurze Zeit später führte mich Gott zu Pastor Prince' Botschaft über das heilige Salböl. Meine Mutter und ich beteten über das Öl und ich salbte meine Tür damit. Endlich wichen alle meine Ängste vor dem nächtlichen Einschlafen. Ich erfuhr Ruhe und spürte Gottes Liebe auf so reale Weise, dass sie mir half, wie ein Baby zu schlafen – in jener Nacht und auch danach.

Heute bin ich ein ganz anderer Mensch. Ich rauche nicht mehr, ich führe ein freudiges Leben und weiß, dass Gott mich liebt. Ich habe auch Mitgefühl mit anderen und habe keinen Wunsch danach, in sündhaften Beziehungen zu sein. Die Leute haben mir gegenüber schon bemerkt, dass ich jünger aussehe und eine liebevolle Stimmung verbreite. Auch meine familiären Beziehungen wurden auf wunderbare Weise wiederhergestellt.

Danke, Pastor Prince, dass Sie Gottes Liebe und Gottes Wort verkünden. Durch Gottes Gnade bin ich von einem Leben voller Schmerz und Elend befreit worden. Ich bin jetzt eine glückliche, liebevolle, jugendliche und mächtige Frau Gottes!

Mit Öl gesalbtes Zuhause vor Feuer geschützt

JOAN | WASHINGTON, VEREINIGTE STAATEN

Mein Mann und ich hatten uns Pastor Joseph Prince' Lehren über das Salböl angehört. Nachdem wir dessen Bedeutung verstanden hatten, füllten wir Öl in kleine Flaschen, für die wir beteten, um sie zu heiligen. Diese nahmen wir überallhin mit und wir salbten auch unser Zuhause mit dem Öl.

Eines Morgens wurde ich vom Feueralarm in unserem Wohnblock geweckt. Ich roch Rauch, als ich die Wohnungstür öffnete. Aber ich hatte ein Gefühl des Friedens und wusste, dass wir in Sicherheit waren. Trotzdem brachte ich meine drei Kinder aus dem Gebäude heraus.

Draußen erzählte mir unsere Nachbarin, dass ihre Veranda in Flammen stehe. Nachdem wir uns vergewissert hatten, dass es ihr gut ging, setzten wir uns in unseren Van und sahen der Feuerwehr beim Löschen des Feuers zu. Während ich dort mit meinen Kindern saß und alles beobachtete, wusste ich, dass Gott mir sagte, er habe uns beschützt. Gelobt sei Gott!

SCHLUSSWORT

Lieber Freund, bei der Verwendung des Salböls geht es wie beim Abendmahl nicht nur darum, Heilung oder Segen zu bekommen. Es geht darum, sich all das bewusst zu machen, was unser Herr Jesus für uns getan hat, und alles anzunehmen, was er dir durch seinen Tod schenken will.

In meiner Lehrreihe »Die Kraft des Salböls« kannst du noch mehr über die Vorteile und Wahrheiten des Salböls erfahren. Ich hoffe, du wirst sie dir zunutze machen. Erwerben kannst du sie auf gracetoday.de:

Die Kraft des Salböls
(erhältlich als Audio-CD oder DVD)

Und wenn du durch die Zeugnisse in diesem Buch gesegnet wurdest, kannst du auf die Seite www.JosephPrince.de/Zeugnisse gehen und weitere inspirierende Zeugnisse lesen.

Jetzt, da du als Gläubiger Getreide, Wein und Öl zum Teil deines täglichen Lebens machst, wünsche ich dir zwei Dinge – dass du in zunehmendem Maß Heilung empfängst und dass du auch alle anderen Segnungen erfährst, die zu deinem bluterkauften Erbe in Christus gehören.

Möchtest du Jesus persönlich kennenlernen?

Wenn du alles, was Jesus für dich getan hat, empfangen willst und ihn zu deinem Herrn und Retter machen möchtest, dann sprich bitte folgendes Gebet:

Herr Jesus, danke, dass du mich liebst und für mich am Kreuz gestorben bist. Dein kostbares Blut reinigt mich von jeder Sünde. Du bist mein Herr und mein Retter, jetzt und für immer. Ich glaube, dass du von den Toten auferstanden bist und dass du heute lebst. Dank deines vollbrachten Werks bin ich jetzt ein geliebtes Kind Gottes, und der Himmel ist mein Zuhause. Danke, dass du mir ewiges Leben schenkst und mein Herz mit deinem Frieden und deiner Freude erfüllst. Amen.

Wir würden gern von dir hören

Wenn du das Gebet für deine Errettung gebetet hast oder uns nach dem Lesen dieses Buches gern dein Zeugnis erzählen möchtest, dann schreib uns bitte über **www.JosephPrince.de/Zeugnis.** Wir freuen uns, von dir zu hören!

Besonderer Dank

Besonderer Dank und Anerkennung gelten allen, die uns ihre Zeugnisse zugesandt haben. Bitte beachte, dass alle Zeugnisse in gutem Glauben erhalten und nur der Kürze und sprachlichen Flüssigkeit halber bearbeitet wurden. Die Namen der Verfasser wurden zum Schutz ihrer Privatsphäre geändert.

Bleibe mit Joseph in Kontakt

Über die folgenden Social-Media-Kanäle kannst du mit Joseph in Kontakt bleiben und täglich inspirierende Impulse (in englischer Sprache) erhalten:

Facebook.com/JosephPrince
X.com/JosephPrince
Youtube.com/@JosephPrince
Instagram: @JosephPrince

Kostenlose tägliche Andacht per E-Mail

Trage dich unter JosephPrince.de/Andachten in den Verteiler für Josephs kostenlose E-Mail-Andachten ein und erhalte kurze Botschaften, die dir helfen, in der Gnade zu wachsen.

Meine Gedanken

Ich bin gekommen, damit sie das Leben haben und es im Überfluss haben.

JOHANNES 10,10

Meine Gedanken

Und mein Gott wird euch aus seinem großen Reichtum, den wir in Christus Jesus haben, alles geben, was ihr braucht.

PHILIPPER 4,19 NLB

Weitere Bücher von Joseph Prince

Iss sich gesund
Setze Gottes Kraft frei
Keine Angst mehr
Lass los und lebe
Gedanken für ein Leben des Loslassens
Das Eine, das zählt
Zur Herrschaft bestimmt – 365 Andachten
Hoffnung, die nie enttäuscht
Gib mir diesen Berg
Schluss mit negativen Gedanken
Jesus, mein bester Freund
Expedition Verheißenes Land
Gnadenzusagen für Mütter
Gnadenzusagen für Väter
Heilungszusagen
Versorgungszusagen
Das Gebet des Schutzes
Die Kraft des richtigen Glaubens
Geistliche Kampfführung

Mehr Informationen zu seinen Büchern und anderem inspirierenden Material findest du auf:

www.josephprince.de und www.gracetoday.de